Oltre ciò che vedi

AURORA BARUTO

Oltre ciò che vedi

MONDADORI

SOMMARIO

PREMESSA

Due anni. Sono passati due anni da quando mi sono seduta a questa scrivania, ho aperto il computer e ho iniziato a digitare un'infinità di parole per raccontarvi ciò che di me non conoscevate ancora, per confidarvi ciò che i social non erano in grado di comunicare: le emozioni e la vita vera di una ragazza di diciotto anni, cresciuta in un piccolo paese del Veneto, che voleva spaccare il mondo e superare gli ostacoli credendo fortemente in se stessa. Se ci credi puoi, questo era il mio motto.

Vi tranquillizzo subito. Non è cambiato nulla. O meglio, ora ho vent'anni, sono successe un sacco di cose, belle e brutte, ma penso ancora fermamente che la vera forza per affrontare i momenti bui sia dentro di noi.

Un'altra cosa che non è cambiata è la modalità con cui vi aprirò il mio cuore anche questa volta. Scrivere la mia storia mi viene più facile che raccontarla sui social, è come se i pensieri che mi girano vorticosamente per la testa trovassero un ordine mentre digito parole sulla tastiera, è come se le emozioni uscissero dal cuore ma fossero filtrate dalla testa e quindi meno forti e, a volte, meno dolorose.

Oppure, più semplicemente, preferisco scrivere perché, anche se sono cresciuta, rimane in me un po' di quella timidezza che a scuola mi impediva di fare nuove amicizie o di ribattere alle battute sgradevoli di qualche compagno di classe.

I social camuffano bene la timidezza, la vita reale no. In un video puoi far vedere ciò che vuoi, ostentare sicurezza, fingere di essere felice e, perché no, fingere anche di essere triste, ma la vita vera è un'altra cosa, e le emozioni, negative e positive, le senti tutte nella pancia. Questo l'ho capito molto bene negli ultimi due anni, ma ci arriveremo.

Non ho mai pensato e non penso tutt'ora che la mia storia sia diversa dalla vostra o da quella di mille ragazze della mia età, e so che, purtroppo, apparteniamo a una generazione che non ha molta voglia di comunicare – che paradosso, eh? –. Con tutti i social che abbiamo a disposizione, preferiamo scambiarci messaggi WhatsApp, vocali, DM, cerchiamo di evitare il confronto verbale e restiamo chiusi in noi stessi, con i nostri problemi e le nostre incomprensioni.

Il più delle volte non ci fermiamo neppure a riflettere su come stiamo, su cosa o chi ci ha feriti o resi tristi. Ma se non ci ascoltiamo, se non modifichiamo alcuni nostri atteggiamenti, come possiamo stare bene con noi stessi e con gli altri?

Io sono cresciuta in una famiglia in cui il dialogo è fondamentale. Mi rendo conto che sono molto fortunata, perché mia madre è anche la mia migliore amica. Quindi per me è sempre stato abbastanza facile "guardarmi dentro" e condividere i miei pensieri con lei, ma so che per tutti non è affatto semplice.

Ecco perché vorrei che, leggendo le pagine di questo libro, provaste ad aprire il vostro cuore, a fermarvi un attimo per riflettere su chi siete, sui i vostri desideri, su ciò che vi fa stare male o vi rende felici.

In ogni capitolo troverete degli spazi tutti per

voi. A volte descriverò delle situazioni, altre volte ci saranno delle domande. Potete prendere una matita o una penna e compilare quelle parti, oppure potete non scrivere nulla e pensare la risposta che dareste.

cominciamo subito.

Hai mai tenuto un diario segreto?

sì no

Ti capita spesso di fermarti a riflettere su qualcosa che ti è capitato?

sì no

Se sì, in quale momento della giornata?

....

Quando sei felice o sei triste con chi ti confidi?

....

Preferisci

- Mandare un vocale
- Fare una telefonata

PRINCIPI E PRINCIPESSE

Mi basto da sola

"Che cos'è l'amore?"
Me lo sono chiesta un sacco di volte in questi due anni, ma ho capito che è una domanda che non può avere un'unica risposta, perché l'amore è un gran casino. Ti fa vivere emozioni talmente contrastanti che un attimo prima sei a mille e un attimo dopo sei sotto a un treno.

Ho sempre avuto un'idea romantica dell'amore: da bambina giocavo a fare la principessa che veniva salvata dal principe, sognavo il lieto fine, "e vissero felici e contenti". Crescendo, ho scoperto che la vita non è una fiaba e che una relazione d'amore è fatta da due persone.

Ora starete pensando che ho scritto una cosa ovvia. Ciò che intendo dire è che in una storia

esistono due individui, ognuno con un proprio carattere, con obiettivi, sogni, pregi e difetti. Sembra una banalità, ma non lo è affatto. Perché a volte, per una serie di motivi anche inspiegabili, uno dei due si ritrova ad annullarsi in funzione dell'altro. In quel momento qualcosa si spezza, e l'amore non è più amore.

In quest'ultimo anno ho capito che nessuno dovrebbe mai rinunciare a essere se stesso per tanti motivi, prima di tutto per non perdere ciò che si è costruito prima della relazione, per esempio le amicizie, e poi perché, così facendo, non si sta amando e non si sta ricevendo amore.

Come ho scritto poco fa, sto vivendo un momento della mia vita in cui non so bene cosa sia l'amore, ma so che per poter amare gli altri dobbiamo prima di tutto voler bene a noi stessi.

"Se non mi amo, come posso amare qualcun altro?" È la domanda che mi sono fatta quando, alla fine della mia storia d'amore, mi sono accorta degli sbagli che avevo commesso verso me stessa. Sì, perché quando il cuore batte così forte da renderti cieca e sorda, può capitare, come è successo a me, di non capire dove stai sbagliando.

Oggi devo ammettere che molte cose le ho dimenticate – le più dolorose –, altre le ho capite solo dopo.

Quando mi sono fidanzata, avevo sedici anni e prima mi ero solo presa una cotta per un ragazzo che avevo frequentato per un mese. Non sapevo niente dell'amore, ma mi bastava sentire le farfalle nella pancia per stare bene.

Ho vissuto momenti indimenticabili con lui, ci siamo amati alla follia, però nell'ultimo anno, per una serie di circostanze, mi sono resa conto che in quella relazione era cambiato qualcosa: mi stavo annullando, non ero più Aurix.

Non uscivo più con le mie amiche, non andavo in discoteca – e chi mi conosce sa quanto mi piace ballare –, non avevo voglia di fare viaggi e non mi prendevo cura del mio aspetto fisico. Insomma, avevo rinunciato a tante cose.

All'inizio non mi sembrava una cosa negativa, nel senso che se stai con una persona che ti fa sentire bene, ti viene normale desiderare di passarci più tempo possibile insieme e quindi privarti di altre cose. Penso che siano scelte che si fanno quando si è molto giovani – io ero una ragazzina –, ma è qui che sta lo sbaglio.

Oggi so che una relazione "sana" è fatta anche di momenti in cui non si sta insieme, in cui si coltivano i propri interessi, le proprie amicizie. E, ovviamente, prevede che il partner sia felice di questa indipendenza, non certo geloso.

Comunque, a un certo punto, ho iniziato a sentirmi sempre più distante da lui e non solo... mi sono accorta che stavo diventando più gelosa, quasi fossi uno specchio del suo comportamento. Non ascoltavo nemmeno i miei genitori o le mie amiche, che cercavano di farmi notare quanto i miei atteggiamenti fossero negativi. Mi ero persa, non credevo più in me stessa, non mi piacevo. Probabilmente, se non avessi guardato fuori dal piccolo mondo che avevo costruito intorno a me, non mi sarei resa conto della situazione che stavo vivendo.

E così, ho aperto gli occhi. Ho iniziato a desiderare di uscire con le mie amiche, di andare a ballare, di partire per un viaggio improvvisato e in quel momento è iniziata la crisi con lui.

Da quest'esperienza ho capito che a volte l'amore non basta. Ho capito che le principesse e i principi esistono solo nelle fiabe e che la gelosia e il possesso sono i due demoni dell'amore.

Intendiamoci, se ci piace una persona è normale provare un pizzico di gelosia e di senso di

Ho capito che le principesse
e i principi esistono solo nelle fiabe
e che la gelosia e il possesso
sono i due demoni dell'amore.

possesso, ma sono sentimenti che vanno tenuti sotto controllo, perché possono davvero rovinare tutto.

Avete mai pensato a quanto è assurda la gelosia? Immaginate di prendere un piccolo passerotto e di chiuderlo in una gabbia per poterlo sempre avere sotto i vostri occhi oppure per proteggerlo dai rischi del mondo esterno. In entrambi i casi, non otterrete nulla di buono. Il passerotto non solo soffrirà, ma, appena ne avrà la possibilità, cercherà di fuggire per ritrovare la sua libertà.

Nessuno dovrebbe mai essere privato della propria libertà e indipendenza, in particolare in amore.

Penso che quest'esperienza mi abbia insegnato molto.

Sicuramente oggi farei scelte diverse. Per esempio non renderei pubblica la mia storia, perché i social modificano la realtà, cambiando la prospettiva di alcune cose, e diventano armi taglienti o pretesti per non parlarsi. Barricati dietro gli schermi dei nostri smartphone, diamo più potere ai silenzi che alle parole.

Oggi ho paura della gelosia, della possessività, dell'orgoglio e della presunzione. Riconosco questi demoni a un chilometro di distanza e scappo a gambe levate, perché ho imparato a volermi bene, a credere in me stessa, a capire che posso farcela anche da sola.

Tutto questo, però, è stato possibile anche grazie al supporto della mia famiglia, in particolare di mia madre, che mi è stata vicina in ogni momento. Lei piangeva con me, mi capiva, si sentiva delusa come me. Con mamma ho sempre avuto un rapporto speciale, che mi ha permesso di raccontarle tutto ciò che mi stava accadendo e che mi passava per la testa. So di essere particolarmente fortunata, perché non tutti hanno una famiglia su cui poter contare, ma vi consiglio di non tenervi tutto dentro e di parlare, parlare, parlare con un vostro familiare, un parente o un insegnante. Gli amici vi potranno ascoltare e piangere insieme a voi, ma non vi potranno mai dare dei consigli basati sull'esperienza che ha un adulto.

E, a proposito di piangere... Tutti dicono "fa bene, così ti sfoghi", io invece vi dico che c'è un tempo per piangere, ma c'è anche un tempo per agire.

Starsene nella propria camera a crogiolarsi nel dolore serve solo a continuare a ricordarvi che state male. La voglia di riprendere in mano la

Ho imparato a volermi bene,
a credere in me stessa, a capire
che posso farcela anche da sola.

vostra vita dipende da voi. Piangete, mangiate un gelato – il mio preferito è al cioccolato bianco! –, ma poi agite!

Lo sto scrivendo perché ci sono passata anche io. Poi, un giorno mi sono detta: "Auri, ma cosa stai facendo?". Così, mi sono alzata dal letto, sono andata in bagno e mi sono concessa un'ora di beauty tutta per me. Lo sapete che prendersi cura del proprio corpo è il primo gesto per iniziare a volersi bene?

«Carpe diem!» ho esclamato, osservando il mio riflesso nello specchio. Poi mi sono vestita e sono uscita.

Da quel momento, mi sono buttata in tante cose anche se non avevo voglia di farle, anche se volevo crogiolarmi nel dolore. Uscendo, mi sono accorta che il mondo – quello reale – era rimasto identico: la gente si muoveva indaffarata, i negozi esponevano gli ultimi arrivi per la nuova stagione, i bambini giocavano al parco felici. Tutto era come prima. Nulla si era fermato per la mia tristezza e le mie lacrime.

E così ho trasformato una semplice passeggiata con mia mamma in un momento di chiacchiere e di confidenze, poi ho scoperto che osservare le onde del mare ascoltandone il rumore mi faceva trovare l'energia giusta per affrontare la giornata, infine ho avuto il coraggio di prendere un treno all'ultimo minuto e andare a Milano solo per salutare un'amica.

"Carpe diem". Ogni azione, seppur piccola, può aiutare a guardare oltre.

E poi, dai... La fine di una storia non è una tragedia. Tutto prima o poi finisce. Sì, certo, per i primi tempi chi è stato lasciato può soffrire, ma poi deve farsene una ragione; alcune situazioni non si possono rattoppare come un vecchio vestito, è inutile insistere sognando di ricucire qualcosa che non esiste più. Bisogna voltare pagina.

Oggi mi sento di nuovo Aurix e sto bene anche da sola. Ho ritrovato la mia energia, la voglia di uscire con le amiche, di andare a ballare fino allo sfinimento. E penso che questa sia una delle vittorie più grandi che potevo augurarmi.

Certo, quando ci si scotta, si ha sempre paura di bruciarsi di nuovo, quindi in alcune situazioni sono un po' diffidente e tendo ad autosabotarmi: per proteggermi, distruggo prima che lo facciano gli altri. C'è da dire che la mia notorietà sui social non aiuta, perché purtroppo mi è capitato di dare fiducia a persone che volevano solo ottenere visibilità.

Non so ancora dare una definizione di amore, ma so che oggi sono consapevole che quel principe azzurro deve essere un valore aggiunto per me, perché mi basto da sola.

Non rinuncerò mai più a me stessa, ai miei obiettivi e ai miei sogni per nessuno.

IMPARA AD AMARTI

Concentrati sui tuoi pregi e accetta i tuoi difetti

Credi in te

Impara a dire di no

Lascia andare ciò che non puoi controllare

Prenditi del tempo per riflettere

Stabilisci degli obiettivi e ricorda i tuoi sogni

Ascolta i consigli di chi ti vuole bene

RICORDA CHE VA BENE LO STESSO...

Piangere

Sbagliare

Avere delle giornate "no"

Chiedere aiuto

Vivere tutte le emozioni, anche quelle negative

Test

È IL RAGAZZO IDEALE?

	sì	no
* Stare con lui migliora la tua giornata?	☐	☐
* Ti fa sentire piena di energie e di vita?	☐	☐
* È felice quando raggiungi un obiettivo?	☐	☐
* Ama anche i tuoi difetti?	☐	☐
* Avete obiettivi in comune?	☐	☐
* Gli stanno simpatici i tuoi amici?	☐	☐
* È felice quando sei insieme ai tuoi amici?	☐	☐
* Ti rende partecipe della sua vita?	☐	☐
* Ti chiede scusa se si accorge di aver sbagliato?	☐	☐
* Si fida di te?	☐	☐

Be', il calcolo è semplice. se hai risposto sì alla maggior parte delle domande, hai fatto centro!

È AMORE

- ✓ Condivisione
- ✓ Fiducia
- ✓ Comunicazione
- ✓ Autodeterminazione
- ✓ Complimenti
- ✓ Compromessi
- ✓ Risate

NON È AMORE

- ✗ Egoismo
- ✗ Gelosia
- ✗ Silenzio
- ✗ Obbligo
- ✗ Offese
- ✗ Accuse
- ✗ Pianti

SE IMPARI AD AMARTI, PUOI...

- Prendere decisioni importanti
- Riconoscere ciò che ti fa stare male
- Scoprire ciò che vuoi realmente
- Migliorare i rapporti con gli altri
- Imparare ad ascoltarti e ascoltare
- Agire e conoscere persone affini a te

DAILY ROUTINE

Mattino

....

....

....

....

Pomeriggio

....

....

....

....

Sera

....

....

....

....

Telefonare a...

....

....

....

....

Scrivere...

....

....

....

....

Ricordarsi di...

....

....

....

....

LE 10 COSE CHE MI FANNO STARE BENE

le mie

* osservare il tramonto
* accarezzare il mio cane
* un abbraccio di mamma o papà
* un aperitivo con le amiche
* guardare un film o una serie tv
* andare al mare
* mangiare il gelato
* ascoltare la musica a palla
* fare gossip con le amiche
* skincare e make-up

LE TUE QUALI SONO?

le tue

* ....
* ....
* ....
* ....
* ....
* ....
* ....
* ....
* ....
* ....

L'AMICIZIA È SAPER ASCOLTARE

IMPORTA SOLO CON CHI SEI

L'amicizia per me è un tasto un po' dolente... Sono cresciuta in un piccolo paese del Veneto, dove gli unici amici che potevo avere erano i miei compagni di classe. Però ero anche timida, e questo non mi ha mai aiutata. Mi sentivo spesso isolata e insicura, finché alle scuole medie non ho conosciuto Elena. Elena è diventata subito la mia migliore amica e, grazie a lei, ho iniziato a scoprire il valore dell'amicizia. Insieme abbiamo vissuto anni indimenticabili, fatti di risate, pigiama party e confidenze.

Purtroppo, però, a un certo punto il destino ci ha portate su strade diverse: Elena si è trasferita in un'altra regione, mentre io ho iniziato la mia avventura sui social e, nonostante gli sforzi

per mantenere viva l'amicizia, ci siamo un pochino allontanate: ci sentiamo spesso, il legame tra noi esisterà sempre e ogni volta che ci parliamo ritroviamo la nostra sintonia. Sicuramente la distanza non ci aiuta, ma non penso che sia solo quello. Con il tempo mi sono resa conto che crescere vuol dire cambiare: si modificano i gusti, gli interessi, si dà importanza a cose nuove, inaspettate… Ma so che Elena ci sarà sempre per me e io ci sarò per lei, qualsiasi cosa accada, perché quando un'amicizia è solida, nulla la può distruggere, nemmeno la distanza.

E poi c'è Marco, il mio super amico. Ci conosciamo da tantissimi anni e, anche se ora non lo vedo spesso, ci sentiamo tutti i giorni e so che ci sarà sempre per me, e io per lui.

Però, per quanto sia un amico prezioso, Marco non può capire certi dettagli della vita di una ragazza e, anche se mi ascolta volentieri, non posso parlare con lui come farei con un'amica.

C'è Maria, sì, un'altra amica "storica", con la quale ho vissuto tanti bei momenti. So che se ho bisogno di parlare, lei è sempre disponibile per me, ma abbiamo vite differenti e non ci sentiamo spessissimo.

E poi c'è mia madre, che è molto di più di una

semplice mamma. È anche una vera amica, sempre pronta a darmi consigli. Ci sono però alcune cose che preferisco non condividere con lei, perché so che non le capirebbe. Niente di importante, è solo una questione di età. A volte, ho semplicemente voglia di parlare di gossip, delle ultime tendenze su Instagram o di tutte quelle piccole paranoie che sono normali quando hai vent'anni.

So che mia madre mi ascolterebbe per ore e con lei posso essere sempre me stessa, senza bugie, senza filtri. E non c'è cosa più bella al mondo. Eppure, quello che vorrei è un'amica, un'amica VERA. Cioè, conosco tante, tantissime persone ma un'amica con la A maiuscola, a cui poter confidare tutto di me, non c'è.

In questi anni la mia vita è cambiata molto e ultimamente mi sono resa conto che mi è più facile fare amicizia con ragazze e ragazzi che, come me, lavorano sui social. Sarà per lo stile di vita simile? Per gli obiettivi comuni? Credo di sì. Tuttavia, devo ammettere che il mondo dei social è molto pericoloso, sotto questo punto di vista. È raro riuscire a legare con qualcuno in modo davvero sincero, e spesso nascono rapporti superficiali, basati più sulla finzione che sulla realtà, mossi da like, follower e trend del momento. Non dico che questo accada sempre e che non ci si possa fidare di nessuno, ma mi è capitato più di una volta e ora ci sto molto attenta.

Molti pensano che una ragazza della mia età dovrebbe avere tanti amici, ma per me non è così. Intendiamoci, non faccio fatica a fare nuove conoscenze, ma non sempre riesco a creare dei veri legami, dei rapporti solidi e forti. Purtroppo mi è capitato spesso di incontrare persone che non comprendono il vero valore dell'amicizia. Forse anche perché mi aspetto che gli altri si comportino come farei io in certe situazioni: con sincerità e lealtà.

Nonostante questo, devo però ammettere di aver avuto la fortuna di incontrare tre ragazze speciali: Laura, Celeste e Francesca. Anche loro sono influencer come me, e insieme abbiamo potuto condividere tante cose: sogni, speranze, e anche uno stile di vita non proprio comune. E sì, con loro è nata una bella amicizia.

Io e Laura ci conosciamo già da qualche anno, ma all'inizio non eravamo molto legate. Chiacchieravamo un po' e ogni tanto ci confidavamo, ma poco altro. Poi ci siamo perse di vista. L'anno scorso, però, durante la Milano Fashion Week,

Purtroppo mi è capitato spesso
di incontrare persone
che non comprendono
il vero valore dell'amicizia.

ho incontrato il suo ragazzo e, per una serie di eventi fortuiti, ci siamo ritrovate.

Poi siamo andate insieme al Coachella e, nonostante non ci vedessimo da due anni, abbiamo subito iniziato a parlare di tutto, come non avevamo mai fatto, e ci siamo rese conto di essere molto più compatibili di quanto pensassimo.

Francesca, invece, l'ho conosciuta per lavoro e mi è piaciuta subito. Ha un carattere forte, ma è dolcissima, e i suoi consigli sono sempre sentiti, mai di circostanza. Con lei puoi lavorare e divertirti allo stesso tempo.

Poi c'è Celeste, una tipa molto schietta e sincera. L'ho conosciuta durante il viaggio in Corea: siamo rimaste a Seoul per nove giorni e, nonostante ci fossero altre ragazze, ci siamo subito trovate in sintonia e insieme abbiamo fatto un sacco di pazzie – che non si possono raccontare in un libro!

Con Laura, Celeste e Francesca posso essere me stessa. Loro sono un po' matte come me e quando siamo insieme ci divertiamo un sacco.

Per esempio, mentre eravamo in macchina a Los Angeles – al termine del Coachella – ci siamo guardate negli occhi e ci siamo dette: «Abbiamo due giorni liberi, perché tornare a casa? Andiamo da qualche parte!». Senza pensarci troppo, abbiamo controllato il primo volo disponibile. Destinazione? Ibiza!

È stata un'avventura incredibile: siamo riuscite a prendere l'aereo all'ultimo minuto, correndo come matte da una parte all'altra dell'aeroporto.

Quando siamo atterrate a Ibiza, abbiamo scoperto che, essendo bassa stagione, molti locali erano chiusi, ma ci siamo ugualmente divertite tantissimo. Tra paella, sangria, chiacchiere e gossip, i giorni sono volati.

E lì ho scoperto che non importa dove sei, ma con chi sei.

Ecco, quello che ho capito ultimamente è che ho bisogno di stare con persone che hanno i miei stessi sogni, i miei stessi obiettivi, perché mi viene più facile legare.

Forse per diventare amici bisogna essere simili? È una cosa che mi chiedo spesso ultimamente, e non so rispondermi. Quello che è certo, però, è che in questo preciso momento della mia vita ho bisogno di avere accanto persone che condividono il mio percorso, capiscono le mie esigenze, e mi aiutano ad affrontare le piccole difficoltà dello strano mondo dei social.

Ho bisogno di stare con persone
che hanno i miei stessi sogni,
i miei stessi obiettivi,
perché mi viene più facile legare.

Per me l'amicizia, quella vera, è saper ascoltare: mi piace dare consigli e riceverli – anche se poi faccio un sacco di cavolate e mi lamento –, adoro quando si creano momenti di condivisione. Mi fanno sentire viva e connessa con le persone a cui voglio bene.

Invece detesto tantissimo – e non la considero amicizia – quando, dopo aver ascoltato e dato consigli, arriva il mio turno di confidenze e l'altra persona riporta il discorso su di sé. È frustrante e mi fa sentire come se i miei problemi non contassero.

Un altro aspetto che non mi piace è quando qualcuno impiega troppo tempo a rispondere ai messaggi. Capisco che tutti siamo impegnati, ma se ci tieni davvero, trovi il tempo per rispondere. Quando una persona non ti confida mai nulla di personale o non ti coinvolge nella sua vita, è difficile creare un legame profondo. Per me l'amicizia è fatta di scambi continui, di affetto reciproco e di momenti condivisi.

Poi c'è la questione del parlare male degli altri. Per me, questa è una red flag gigantesca. Quando sento una persona spettegolare o criticare costantemente gli altri, mi chiedo se faccia lo stesso con me quando non sono presente. Ricordatelo sempre: diffidate di qualcuno che sparla degli altri, perché potrebbe fare lo stesso con voi.

Ecco, in generale, sono un po' diffidente in amicizia, perché ho paura di aprirmi completamente, mettermi a nudo con le mie fragilità e poi essere delusa da chi ti volta le spalle, o va a spifferare in giro gli affari tuoi.

Lavorare sui social ha aumentato la mia diffidenza – sì, un po' lo sono sempre stata –, perché è un mondo in cui conosci persone diverse, ma ti accorgi anche dei finti sorrisi e delle pugnalate alle spalle.

Una volta qualcuno mi ha detto: «Perché non mi parli di te?».

«Perché ho paura» ho risposto.

«Ma se fai così, non ti fai conoscere.»

«È vero, è più forte di me.»

Navigare nel mare delle amicizie è complesso, soprattutto quando si è costantemente esposti al giudizio altrui, come capita a me sui social.

Per me la fiducia è diventato un bene raro e prezioso, chi vuole conquistarla deve davvero impegnarsi.

Per tutti questi motivi, l'unico consiglio che riesco a darvi è molto semplice: cercate sempre di trovare delle persone con cui potete essere davvero voi stessi. Richiede tempo e pazienza, ma ne vale la pena.

In questi anni ho imparato che non tutte le amicizie dureranno per sempre, e va bene così. Ogni amicizia ti insegna qualcosa e ti aiuta a crescere. Non bisogna avere paura di aprirsi, ma allo stesso tempo, bisogna ascoltare il proprio istinto. La vera amicizia si basa sulla fiducia, sul rispetto reciproco e sulla capacità di essere lì l'uno per l'altro, nei momenti belli e in quelli brutti. Sempre e per sempre.

Test

TEST DEL VERO AMICO

Di seguito trovi le qualità che dovrebbe avere un vero amico. Se le possiede tutte, la vostra è un'amicizia al TOP!

* **Empatia:** capisce i tuoi sentimenti e prova a mettersi nei tuoi panni. Sa quando ascoltare e quando offrire una parola di conforto. sì no

* **Lealtà:** è fedele e ti sostiene anche quando non sei presente. sì no

* **Sincerità:** ti dice la verità, anche quando è difficile da sentire, e lo fa sempre con gentilezza e rispetto. sì no

* **Supporto:** ti incoraggia e ti sostiene nei tuoi obiettivi e sogni. sì no

* **Rispetto:** non ti giudica, ma ti accetta per quello che sei. sì no

* **condivisione:** condivide con te momenti, segreti ed esperienze. si no

* **Divertimento:** sa come rendere speciale anche una giornata ordinaria. si no

* **Nessun Giudizio:** ti accetta sempre, con i tuoi pregi e difetti. si no

* **comprensione:** capisce i tuoi alti e bassi. si no

* **segretezza:** non spiffera i tuoi segreti. si no

* **Adattamento:** sa che l'amicizia richiede un po' di compromessi. si no

* **Positività:** sa come tirarti su di morale quando sei giù e ti aiuta a vedere il lato positivo delle cose. si no

* **cose in comune:** avete un sacco di interessi e obiettivi simili. si no

LISTA DELLE 10 COSE DA FARE CON UNA VERA AMICA

1. Confidarsi tutto, ma proprio tutto
2. Stare svegli tutta la notte per... gossippare!
3. Fare skincare
4. Scambiarsi gli ultimi acquisti make-up
5. Guardare una serie tv (qui meglio seguire la trama e non gossippare)
6. Fare una passeggiata all'aria aperta
7. Fare shopping
8. Prepararsi una merenda a base di gelato e schifezze varie
9. Andare a un concerto del vostro artista preferito
10. Andare a ballare

I 5 CONSIGLI PER UN'AMICIZIA (CON LA A MAIUSCOLA)

1. **Sii te stessa**: non cercare di essere ciò che non sei solo per piacere agli altri. Le persone giuste apprezzeranno la tua autenticità.
2. **Comunica**: esprimi chiaramente i tuoi sentimenti e le tue opinioni.
3. **Rispetta i confini**: ogni persona ha i propri limiti. Non cercare di forzare un'amicizia.
4. **Sii presente**: cerca sempre di essere disponibile per i tuoi amici. La fiducia si costruisce nel tempo e non bastano le parole, ci vogliono le azioni.
5. **Ascolta**: interessati di ciò che i tuoi amici hanno da dire. Ascoltare è tanto importante quanto parlare.

LE 5 VOLTE IN CUI...

Ho dato un buon consiglio al mio amico o alla mia amica

1. ....
2. ....
3. ....
4. ....
5. ....

Ho ricevuto un buon consiglio

1. ....
2. ....
3. ....
4. ....
5. ....

Ho litigato con il mio amico o la mia amica... come affrontare la situazione?

1. **Rifletti:** cosa è successo esattamente? Cosa hai provato? Rabbia, tristezza, frustrazione? ....

....

2. **Assumiti la responsabilità:** riconosci eventuali errori che hai commesso. Cosa avresti potuto fare diversamente? ....

....

3. **Comprendi la prospettiva dell'altro:** perché il mio amico/a potrebbe essersi arrabbiato/a?

....

....

4. **Comunica con calma:** trova il momento giusto per parlare e pensa a frasi che iniziano con "Io mi sento..." piuttosto che "Tu hai...".

5. **Ascolta:** preparati a sentire la versione dell'altro.

6. **Dimostra:** trova dei modi per dimostrare quanto ci tieni alla vostra amicizia.

RACCONTA UN ANEDDOTO DIVERTEMTE CON UN'AMICA O UN AMICO

La volta in cui abbiamo...

....

....

....

....

....

....

....

....

....

PLAYLIST DELL'AMICIZIA

Crea una playlist musicale con le canzoni che ti ricordano momenti speciali trascorsi con i tuoi amici. Ogni canzone dovrebbe avere una breve descrizione del ricordo associato.

1

....

....

2

....

....

3

....

....

5 MODI CREATIVI PER RIMANERE IN CONTATTO CON GLI AMICI LONTANI

1 **videochiamate**: organizza videochiamate a tema, come serate cinema o cene virtuali.

2 **corsi online insieme**: iscriviti a corsi online, come yoga, danza o cucina, e seguili insieme ai tuoi amici.

3 **messaggi vocali**: invia messaggi vocali per raccontare brevi aneddoti della giornata.

4 **lettere scritte a mano**: riprendi l'abitudine di scrivere lettere e inviarle per posta.

5 **sessioni di beauty routine virtuali**: programma momenti in cui vi dedicate insieme alla cura della pelle o al make-up, condividendo consigli e provando nuovi prodotti.

CAPSULA DEL TEMPO

Descrivi cosa metteresti in una capsula del tempo da aprire insieme ai tuoi amici tra 10 anni.

Qualche suggerimento?

* Una foto di gruppo.
* Una lettera con i tuoi pensieri e sogni attuali.
* Un oggetto simbolico della vostra amicizia.
* Un biglietto di un evento a cui avete partecipato insieme.
* Una lista di cose che volete fare insieme nel futuro.

* ....
* ....
* ....
* ....
* ....
* ....
* ....

FAMIGLIA: UN PORTO SICURO

DOVE TUTTO HA PIÙ SENSO

Oggi so che l'amore può finire e che l'amicizia può sgretolarsi. Tutto cambia, tutto passa o si trasforma, ma c'è una cosa che per me non avrà mai fine: l'amore per la mia famiglia. Potrei rinunciare a ogni cosa, ma non al loro affetto.

Sono una ragazza fortunata, lo so bene. Tante mie coetanee invidiano il mio rapporto con mamma e papà, ma vi confesserò che non è stato difficile crearlo, perché i miei genitori sono straordinari!

Come vi ho già detto, mamma è anche la mia migliore amica: ogni volta che ho un problema o una preoccupazione, lei è lì, pronta ad ascoltarmi e a consigliarmi. È una donna fortissima, che ammiro tanto.

QUEEN

Sapete cosa amo di più in lei? Che è una donna tenace! A volte la osservo e rimango allibita da quante cose riesca a fare senza mai lamentarsene.

Mi fa ridere un sacco mentre cucina, perché canta le nostre canzoni preferite e ogni tanto ci mettiamo a ballare insieme, sotto lo sguardo divertito di papà. E poi ci sono quei momenti in cui ci stendiamo sul divano a guardare la nostra serie preferita – e chissà quando la finiremo, visto che è fatta di mille di stagioni!

Ma il momento che preferisco in assoluto è la "nostra" passeggiata quotidiana. "Nostra" perché, senza volerlo, è diventato un momento tutto per noi.

Intorno a casa c'è un sentiero di circa cinque chilometri che attraversa campi sterminati, in cui lo sguardo può spingersi fino all'orizzonte. Un giorno, per prendere una boccata d'aria e muoverci un po', ne abbiamo percorso un pezzetto. E quanto ci è piaciuto! Così, il giorno seguente, abbiamo allungato un po' il tragitto. Oggi completiamo sempre i cinque chilometri e a volte facciamo anche il bis! Diciamo che abbiamo iniziato per scherzo, ma ormai non ne possiamo più fare a meno. E no, l'attività fisica è l'ultimo degli obiettivi... Lo facciamo perché, mentre camminiamo, ci confidiamo le nostre cose e ci raccontiamo di tutto. Ecco perché è diventata la "nostra" passeggiata e guai a chi ce la fa saltare – sì, anche la pioggia non ci ferma!

Questo mi ha fatto capire che spesso le cose migliori della vita nascono dai momenti più semplici. Camminare insieme, immerse nel silenzio dei campi e ascoltando il canto degli uccellini o delle cicale in estate sembra avere il potere di cancellare ogni preoccupazione, ansia o paura. La natura è straordinaria!

Forse ora state pensando: "Ma non litigano mai?".

Be', logico che litighiamo! Sono pur sempre una ragazza di vent'anni! Ecco, a volte mamma si lamenta del mio disordine – diciamo che lo fa spesso... –, oppure brontola perché, quando devo partire per un evento o per un viaggio di lavoro, mi riduco a preparare la valigia agli ultimi cinque minuti. E, immancabilmente, dimentico qualcosa.

Come quella volta che dovevo prendere l'aereo ed ero mostruosamente in ritardo, così ho chiuso la valigia al volo e... mi sono ritrovata in aeroporto in pigiama! Sì, mi ero scordata di cambiarmi prima di uscire! O come quando sono andata a un evento a Napoli e, arrivata sul posto, mi sono accorta di aver lasciato a casa il beauty con tutto il make-up! Panico!!! Alla fine sono corsa in un supermercato lì vicino per comprare almeno un mascara!

Insomma, se non ci fosse mia madre, che inizia a ricordarmi di sistemare i miei vestiti e di fare la valigia una settimana prima della partenza, non so cosa farei! Peccato, però, che io non l'ascolti mai! O meglio, non la ascolto per queste cose superficiali, ma i suoi consigli in tante situazioni più importanti mi sono stati molto preziosi. Non riesco a ricordare tutte le volte in cui mamma mi ha detto: "Oh, cara Aurora, ci sono passata anche io quando avevo la tua età".

Come vi ho già scritto nelle pagine precedenti, dobbiamo confidare i nostri problemi a chi ha più esperienza di noi. Con il silenzio non si risolve niente!

Comunque, tornando a mamma, c'è un'altra cosa che adoro fare insieme a lei: andare in macchina con la radio a tutto volume. Di solito va così. Ci sediamo, ci guardiamo negli occhi, e poi una delle due dice: «Musica? Collegati». E via, metto la nostra playlist preferita e partiamo!

Non riusciamo neppure a parlarci da quanto è alta, ma non importa, perché quello è il nostro "momento musica". Pensate che nell'auto precedente abbiamo pure rotto le casse!

A volte ci dimentichiamo di abbassare il volume quando parcheggiamo davanti a casa, e dovreste vedere il salto che fa mio padre sul sedile quando accende l'auto! A lui piace ascoltare la musica, ma «a decibel umani» ci fa notare. Io e mamma non abbiamo ancora ben capito cosa significhi, perché quando siamo in macchina insieme ci chiede sempre di abbassare ancora un po'. «Ma così non si sente nulla!» dico. «Io sento eccome!» risponde lui ridendo sotto i baffi!

Anche a casa la musica non manca mai. Per esempio, la domenica mattina mamma spalanca le finestre e, mentre sistema le varie stanze, canta e balla con lo stereo a tutto volume sotto lo sguardo divertito e un po' allibito di papà.

A proposito di papà... Ricordate che nel precedente libro l'ho descritto come un po' più "rigido" e riservato rispetto a mamma? Bene, alcune cose sono cambiate, altre no!

È rimasto un tipo riservato, che tende a comunicare il suo affetto più con i gesti che con le parole; mamma è sempre la mia confidente speciale,

Dobbiamo confidare
i nostri problemi a chi ha
più esperienza di noi.
Con il silenzio
non si risolve niente!

soprattutto per gli argomenti più intimi, e sa quando non dirgli delle cose e quando fare la "gnorri", e anche se non gli rivela proprio tutto tutto, lo fa a fin di bene, per non farlo preoccupare.

Quello che è cambiato è il suo rapporto con il mio mondo, ossia i social.

Prima di tutto è diventato super tecnologico: si è aperto un profilo Instagram e uno su TikTok, mi segue e mi mette i like. Potrei quasi definirlo il mio primo fan! È talmente orgoglioso di me, che non perde occasione per raccontare ai suoi colleghi tutto ciò che faccio. Se ne va in giro per l'ufficio a mostrare i miei reel, dicendo: «Avete visto mia figlia?». E non avete idea di quanto mi imbarazzi la cosa!

Anche se papà non ama tanto esprimere le sue emozioni, è molto premuroso, soprattutto quando si tratta di mamma: ogni volta che lei ha una visita medica o deve fare qualcosa di importante, è sempre il più preoccupato e presente.

È nel momento del bisogno che si vede il vero amore. E i miei genitori sono un esempio perfetto. Non ho tante esperienze alle spalle per poter valutare cosa non deve mancare in una relazione così lunga, ma, quando vedo mamma e papà, penso che non sia per niente facile stare insieme a una persona in ogni circostanza. Perché tutti abbiamo dei difetti, grandi o piccoli che siano, e credo che il segreto stia nel saperli accettare e sopportare.

Purtroppo tante coppie non superano questa sfida e finiscono per lasciarsi... distruggendo l'armonia dell'intera famiglia.

E purtroppo è successo anche nella mia, di famiglia. Dopo tanti anni di matrimonio, due miei parenti si sono lasciati.

Non voglio entrare nelle motivazioni, perché penso che ognuno sia libero di vivere la sua vita, ma vi dirò che questa scelta ha pesato molto su tutti noi.

Fino a due anni fa, ci vedevamo spessissimo, ricordate? Organizzavamo pranzi e cene particolari, tipo a Natale, dove ognuno portava qualcosa da mangiare, dove si rideva e si scherzava. Insomma, c'era tanta armonia. Poi, quella decisione è stata come un fulmine a ciel sereno, e sono iniziati i problemi. Mia mamma ci è rimasta malissimo e, a cascata, tutta la famiglia ne ha risentito, vivendo momenti di tensione.

Spero con tutto il cuore che la situazione migliori, sia per loro sia per noi, ma sono fiduciosa, perché da due anni è entrata nella nostra vita

Giselle, la mia bellissima nipotina, che è talmente un amore da riuscire a riportare il sorriso a chiunque.

Quando stavo scrivendo il precedente libro, mia sorella Sara era incinta, ma per scaramanzia non ho voluto rivelare nulla. Poi è nata la piccola Giselle, e per me è stato amore a prima vista.

Sara ha dieci anni più di me, ma non ho mai avvertito questa differenza d'età, anzi. Per me è stata una super sorella, e oggi, che sono cresciuta, cerco di esserlo anche io per lei. In particolar modo, mi piace prendermi cura di Giselle. Purtroppo non abbiamo tante occasioni per stare insieme, perché il mio lavoro mi porta spesso fuori casa, ma quando ne ho la possibilità, me la coccolo tutta ed è meraviglioso.

Amo andare al mare con lei – sapete quanto io adori il mare –, perché adesso che è un po' più grande, iniziamo a fare discorsi insieme. Lei capisce, risponde e interagisce un sacco. È un mito, sa dire un sacco di parole e ascolta sempre. Ha solo un anno e mezzo, ma è molto intelligente e a volte sembra più grande della sua età.

Le piace tanto mostrare il suo outfit facendo le piroette come se fosse una modella, è super vanitosa – si mette perfino in posa!

La gallery del mio telefono è piena di scatti di Giselle in mille situazioni, l'ultima è stata al mare, quando abbiamo festeggiato la festa della mamma in spiaggia. È stata una delle giornate più belle della mia vita! Ho passato tutto il giorno con mia mamma, mio papà, mia sorella e mia nipote. Abbiamo camminato con i piedi affondati nella sabbia, abbiamo giocato, siamo andate sulle giostre e alla fine abbiamo mangiato un gelato gigante. Giselle aveva gli occhi luminosi, pieni di gioia. Si vedeva proprio che stava bene.

Ricordo che quel giorno dovevo andare a Milano e mi ero organizzata per partire la sera, subito dopo la spiaggia, ma la coincidenza a Bologna ha accumulato un ritardo di due ore e sono arrivata a Milano in piena notte! Mentre uscivo dalla stazione Centrale, ho pensato: «Se non avessi passato una giornata così bella, mi sarei infuriata». Perché per me i momenti in famiglia sono una delle cose più preziose e speciali. La famiglia è come un porto sicuro, un posto dove tutto ha più senso e ogni risata conta davvero. Anche quella volta a Milano, con tutti i disagi del viaggio, non mi importava più di tanto perché avevo trascorso una giornata fantastica con i miei. Per me la famiglia è proprio questo: una fonte di gioia e di

È nel momento
del bisogno
che si vede
il vero amore.

energia, capace di trasformare anche le situazioni più stressanti in bei ricordi.

E a proposito di ricordi di famiglia, non posso fare a meno di ripensare al viaggio alle Maldive che ho fatto in compagnia di mamma e papà.

È stato bellissimo e divertentissimo. Mio padre mi ha fatto ridere dal primo all'ultimo giorno, ma non per un motivo particolare, semplicemente per come si comportava. Era rilassato, quindi si è goduto la vacanza buttandosi in acqua come un pazzo e facendo lo squalo. Anche mamma mi ha fatto molta simpatia: lei è un'amante del gossip come me, quindi ci mettevamo in spiaggia a spettegolare sotto lo sguardo divertito di papà. Vedevo i loro volti pieni di felicità, e mi bastava.

Fin dal nostro arrivo, è stato tutto perfetto. Non ho mai visto un cielo così azzurro, per non parlare delle acque cristalline e delle spiagge di sabbia bianca. Abbiamo condiviso momenti indimenticabili, come quando abbiamo visto il tramonto dall'oceano, seduti su un pontile. Il cielo si tingeva di mille colori e, in quel silenzio magico, sentivo quanto fossimo fortunati a essere lì, insieme. La sera, ci sedevamo sulla veranda a raccontarci le cose più assurde, ridendo e scherzando fino a tardi.

Quel viaggio alle Maldive non è stato solo una vacanza, ma un'esperienza che ci ha legati ancora di più. Ha creato ricordi che porteremo sempre nel cuore e che, ogni volta che ci ripenseremo, ci faranno sorridere.

MY FAMILY

My Family

TEMPO
Trova del tempo per stare con la tua famiglia

SPAZIO
Rispetta gli spazi e i momenti di ognuno

GRAZIE
Mostra gratitudine

PARLARE
Mantieni una comunicazione aperta

GIOCO
Organizza momenti per stare insieme

LISTA DELLE COSE CHE MI FANNO STARE BENE IN FAMIGLIA

* Risate insieme
* Cene in famiglia
* Giochi da tavolo
* Viaggi e gite
* Conversazioni serali

Continua tu

* ....
* ....
* ....
* ....
* ....
* ....
* ....
* ....

Che ruolo hai nella tua famiglia?

Come puoi contribuire alla felicità della tua famiglia?

....

....

....

....

....

faccio scelte responsabili

cerco di migliorare

Trovo il modo per far sorridere tutti

supporto i miei familiari nei momenti difficili

chiedo scusa se ho sbagliato

ALBUM DEI RICORDI

Quanti ricordi sono sparpagliati sul tuo cellulare? Perché non raccoglierli e condividere questo momento con la tua famiglia?

Ti serviranno: Vecchie foto di famiglia ✿ Un album fotografico o un quaderno ✿ Sticker, penne colorate... ✿ Colla o nastro biadesivo Etichette adesive o cartoncini

1. Scegli insieme ai tuoi famigliari le foto che volete stampare o quelle già stampate.
   Cercate di selezionare momenti importanti, divertenti e significativi.

2. Decidi come vuoi organizzare l'album. Puoi farlo in ordine cronologico, per tema (vacanze, compleanni, momenti...)

3. Incolla le foto nelle pagine dell'album e abbelliscile usando sticker e adesivi vari. Poi scrivi qualcosa sotto ogni foto: puoi raccontare brevi storie, aneddoti, o appuntare semplicemente la data e il luogo. Se vuoi, puoi aggiungere anche pensieri personali o messaggi per ricordare quei momenti speciali.

4. Ogni anno o a ogni nuova occasione, potrai aggiungere pagine all'album e ritagliarti dei momenti in cui sfogliarlo insieme alla tua famiglia.

Sarà un album super unico e speciale che vi farà sentire più uniti!

LA MIA FAMIGLIA IN 5 AGGETTIVI

Descrivi la tua famiglia usando cinque aggettivi e spiega perché hai scelto ciascun aggettivo.

Esempio:

* Unita perché...
* Divertente perché...
* Affettuosa perché...
* Forte perché...
* Solidale perché...

* ....
* ....
* ....
* ....
* ....

LETTERA A...

Scrivi una lettera a uno dei tuoi familiari.
Descrivi ciò che apprezzi di più
in lui/lei e perché per te è importante.

....

....

....

....

....

....

....

....

....

....

CONFLITTI IN FAMIGLIA?
5 CAUSE

1. Mancanza di ascolto
2. Critiche costanti
3. Gelosia tra fratelli e o sorelle
4. Essere troppo possessivi
5. Non ammettere i propri errori

Aggiungi altri atteggiamenti che possono danneggiare l'equilibrio in famiglia

....

....

....

....

....

CONFESSIONI...

Non sempre è tutto "rose e fiori"...
Ogni famiglia ha anche i suoi difetti.
Elencali, poi rifletti su come puoi migliorare
o risolvere alcuni conflitti.

- ....
- ....
- ....
- ....
- ....
- ....
- ....
- ....
- ....
- ....

VIAGGI
E RICORDI

VIAGGIARE TI CAMBIA LA VITA

Spoiler: questo è il mio capitolo preferito! E se mi seguite sui social, non sarà difficile capirne il motivo. In poche parole: io amo viaggiare e, appena posso, prendo la valigia e via!

Già da piccola, i miei genitori mi portavano in vacanza con loro, e ricordo che scoppiavo di gioia quando dovevamo prepararci per la partenza. Amavo il fermento, amavo vedere mamma fare le valigie. Sognavo di fare cose diverse, di svegliarmi in un letto che non fosse il mio, di visitare luoghi mai visti. A volte tornavamo nello stesso posto dell'anno precedente, ma anche in quel caso ero felice di rivivere momenti che mi erano rimasti nel cuore.

Pensate che, quando ero alle medie, ho pure

fatto una tesina dal titolo "Il viaggio". Non ricordo con precisione cosa avevo scritto e neppure le mete su cui mi ero soffermata, ma sono certa di aver raccontato una serie di emozioni bellissime. Eh sì, perché partire mi dà un sacco di energia positiva.

Posso immaginare che sia così anche per tanti di voi. Anche se so che ad alcune persone non piace particolarmente. E quando chiedo il motivo, spesso mi rispondono che provano ansia a uscire dalla loro routine. Be', posso capirlo, perché per me è proprio questo "distacco" a infondermi energie. Io detesto la routine quotidiana, non amo fare sempre le stesse cose, frequentare gli stessi posti, vedere la stessa gente. Sono una ragazza molto curiosa e mi piace vivere nuove emozioni. Per esempio, sapete che mi sono lanciata con il paracadute? Quando me l'hanno proposto, ho pensato: "Perché no? E quando mi ricapita?". È stato bellissimo! E vi confesserò che ho avuto solo un po' di paura mentre ero sull'aereo e dovevo gettarmi nel vuoto. Quello è il momento peggiore. Ma, una volta superato, è un'emozione bellissima!

Ecco, io vivo con il desiderio di provare appieno le emozioni che mi si presentano e non voglio perdermene neanche una. Ora scriverò una frase un po' "impegnativa" per una ragazza di vent'anni, ma è una cosa che penso veramente: la vita è troppo breve per restare sempre nello stesso posto! Esplorare il mondo ci arricchisce e ci fa crescere.

Per me viaggiare non significa solo andare lontano. Magari ho mezza giornata libera, e allora prendo il treno e vado a trovare un'amica a Milano o a Roma. Mi accade qualcosa di magico quando parto, perché a ogni ritorno, mi sento sempre una persona diversa.

Questo mi succede soprattutto dopo un viaggio in posti lontani, con culture diverse dalla nostra. Infatti penso che visitare luoghi nuovi sia un mezzo per conoscere meglio se stessi, perché ti devi mettere in gioco, perché sai che potresti dover affrontare un imprevisto... Insomma, è un po' anche un viaggio dentro di me, che mi fa scoprire forze e debolezze.

Mi ricordo che, quando sono tornata dalle Maldive, un amico mi ha detto che sembravo cambiata, ed era vero, mi sentivo proprio così.

Ogni esperienza mi ha sempre insegnato qualcosa, mi ha resa più consapevole di me stessa. E, a tal proposito, penso che il viaggio in Indonesia

sia stato uno dei più belli e "formativi" mai fatti finora. A dire il vero, all'inizio non volevo partire, forse perché ero ancora fidanzata e piena di insicurezze, ma una volta là non volevo più tornare a casa; pensate che ho pianto prima di partire, perché Bali mi è rimasta nel cuore.

Forse perché non è stato un viaggio prenotato e programmato, forse perché non sapevo cosa mi aspettava...

Tutto è accaduto nel 2021, quando ho partecipato a Wild Teens, un programma Tv in cui, insieme ad altri concorrenti, dovevo gestire una vera impresa agricola: mucche da mungere e sveglie all'alba erano all'ordine del giorno. Alla fine sono riuscita ad arrivare tra i finalisti e ho vinto! Il premio è stato il viaggio in Indonesia.

Sono stata là tre settimane, di cui due a Bali e una sull'isola di Nusa Penida. È stato un viaggio solidale, quindi niente resort confortevoli; vivevamo in mezzo alla natura e aiutavamo le comunità locali. Pulivamo le spiagge, costruivamo tetti per le scuole e ci prendevamo cura delle tartarughe marine. Il cibo era un dramma: mangiavamo riso bianco scondito tutto il giorno e tutti i giorni. Ecco, per il cibo mi è mancata molto l'Italia! Non ho avuto molto spirito di adattamento! Ricordo un ragazzo della Puglia che mi faceva morire dal ridere perché era abituato a mangiare tardi, mentre lì si cenava alle 17.

Insomma, è stato faticoso, ma pazzesco! Mi sono sentita davvero parte di qualcosa di speciale.

Condividevo una stanza con altre ragazze italiane che non conoscevo: eravamo in sei, con letti a castello e un solo bagno. Insomma, una vera avventura spartana.

Vi confesserò che, a volte, quando vado in certi posti lussuosi, mi sento un po' fuori luogo. Mentre in quell'occasione mi sono sentita parte di un progetto bellissimo e ho avuto la possibilità di vivere in modo autentico, a contatto con la natura e la gente del posto, che mi ha trattata come se fossi una di famiglia.

Oh, quanto è "bella" la gente di Bali... Sapete cosa mi è rimasto più impresso? Il loro sorriso.

Un giorno, un ragazzo del luogo mi ha detto una frase che non dimenticherò mai: "Anche se non abbiamo niente, siamo felici".

Dovremmo riflettere tutti su parole di questo tipo. Non avrei mai pensato di trovare tanta umanità in un solo posto, eppure è stato così. Questi momenti mi hanno insegnato che fare del bene

Sognavo di fare cose diverse,
di svegliarmi in un letto
che non fosse il mio,
di visitare luoghi mai visti.

agli altri è uno dei modi migliori per trovare la propria felicità.

Mi ha affascinato tantissimo vedere quanti ragazzi avevano scelto di fare un viaggio simile. Io l'avevo vinto e ci ero capitata quasi "per caso", ma alcuni erano lì con un obiettivo umanitario.

Nelle guest house ho conosciuto tantissime altre persone di vari Paesi. Ricordo che noi ci vergognavamo un po' a parlare in inglese, e uno di loro mi ha detto: «Supera l'imbarazzo. Se non parli in inglese, non imparerai mai».

Così, ho cercato di sciogliermi un po', fregandomene della pronuncia terribile, e giorno dopo giorno, il mio inglese è diventato più fluente.

Nel fine settimana avevamo del tempo libero, perciò giravamo con i tuc per la città. Mi piaceva tantissimo entrare nei negozi per scoprire prodotti tipici locali; adoravo osservare la gente del posto, cercare di capire le loro consuetudini.

Alla sera ci ritrovavamo in un baretto tutto sgangherato, mangiavamo patatine per placare la fame che ci era rimasta dopo una cena a base di riso bianco, e parlavamo fino a notte fonda, incuranti del fatto che il giorno dopo avremmo dovuto darci da fare con lavori fisici. Può sembrare una banalità, ma quei momenti mi sono rimasti nel cuore. Non c'era niente, ma eravamo felici.

Capite cosa intendo quando dico che viaggiare ti cambia?

Un altro viaggio che mi ha lasciato un segno profondo è stato quello alle Maldive con i miei genitori. A differenza di Bali, ho vissuto emozioni diverse.

Molti mi hanno chiesto: "Ma non ti sei annoiata?".

Partiamo da una cosa fondamentale: io AMO il mare. Quando sono triste, vado al mare ad ascoltare il rumore delle onde, perché mi rilassa e mi ricarica. Quindi per me, la giornata perfetta è in spiaggia. Forse, in un'altra vita ero una sirena, chissà!

Comunque alle Maldive il panorama era mozzafiato: acque cristalline, spiagge bianche e tramonti viola! Era impossibile non rimanerne affascinati.

Abbiamo passato giornate intere a esplorare le isole, a fare snorkeling tra i coralli e a rilassarci sulle spiagge di sabbia bianca. Ogni tramonto era uno spettacolo che ci lasciava senza parole. Ma la cosa più bella è stata vedere i miei genitori rilassarsi e godersi ogni momento, lontani dallo stress quotidiano. E poi ero felice perché ho potuto realizzare il sogno di mia mamma. "Mamma, un giorno ti ci porterò" le dicevo spesso. E ce l'ho fatta!

Dovete sapere che ogni anno mi piace regalare a mamma e papà un viaggio, perché prima di qualsiasi cosa viene la felicità dei miei, poi la mia. Sono fatta così, e penso che la vera gioia sia vedere le persone che ami stare bene.

Ricordo ancora il primo viaggio che ho regalato ai miei genitori. Meta: Grecia, Santorini. Avevo affittato una casa grandissima, sperduta nel nulla, con piscina. Con noi era venuto anche Marco, il mio migliore amico. È stata una vacanza strepitosa, e mio padre era felicissimo: stava sempre in piscina a fare i tuffi o a grigliare la carne al barbecue.

Eravamo andati lì per Ferragosto, ma pensate che fino a un mese prima della partenza non avevo ancora cercato la casa. Avevo comprato i biglietti aerei, ma non avevamo un posto in cui alloggiare. Sapete quando l'ho affittata? Mentre ero a Bali!

A proposito... Penso di avere una dote speciale in questo: cerco i voli, la casa, affitto l'auto quando serve... E tutto da sola!

Forse in un'altra vita ero una sirena che aveva un'agenzia viaggi in fondo al mare!

Scherzi a parte, mi piace proprio dedicarmi all'organizzazione pre partenza – ecco, magari non lo faccio esattamente nei tempi giusti, come la casa a Santorini –, mi dà felicità. Un po' come fare shopping! Insomma, due passatempi alquanto dispendiosi!

Un altro viaggio strepitoso che ho fatto recentemente è stato ad Abu Dhabi. Non avete idea della meraviglia!

In realtà ci ero già stata qualche anno fa con i miei genitori, ma stavolta ero in compagnia di Laura, Francesca e Celeste. Penso che lo ricorderò per sempre, prima di tutto perché ci siamo divertite come delle pazze e poi perché eravamo in un albergo favoloso! Appena siamo entrate, ho spalancato gli occhi: solo la hall era gigantesca e super lussuosa.

Ecco, come vi ho già raccontato, a volte questi posti così appariscenti mi creano un po' di disagio, ma non è stato questo il caso, perché l'atmosfera era talmente particolare che mi sembrava di essere la protagonista di un film.

Comunque, nei giorni successivi abbiamo fatto un sacco di cose: abbiamo visitato la moschea, ci siamo sfidate ai go-kart – e io sono arrivata seconda! –, siamo andate in spiaggia e pure nel deserto.

Ecco, il deserto è davvero magico. Apparentemente è una distesa sconfinata di sabbia, ma appena scendi dall'auto, avverti una sensazione strana, come se il tempo si fermasse.

Faceva un caldo assurdo, ma alla sera la temperatura è scesa tantissimo. Per fortuna che ci avevano avvisate dell'escursione termica, altrimenti ci saremmo prese un raffreddore di sicuro.

Comunque, mentre eravamo lì, abbiamo visto altri turisti che stavano facendo surf sulle dune. «E chi siamo noi per non provare?» ci siamo dette io, Francesca, Celeste e Laura. Ma quando è stato il mio turno, qualcosa è andato storto e ho fatto un ruzzolone, ma proprio brutto! Per fortuna, la sabbia ha attutito il colpo, ma per i due giorni successivi ho avuto la sensazione di avere sabbia ovunque, perfino nelle orecchie!

Insomma, ovunque io vada, riesco sempre a combinare dei disastri! Ma è anche questo a rendere indimenticabile un viaggio, no?

Adoro ricordare i momenti più divertenti o emozionanti e spesso, una volta tornata a casa, li scrivo su un diario o un quaderno, perché un giorno mi piacerebbe averlo pieno di mete e di sogni.

E, a proposito di sogni... Voi avete un posto che sognate di poter visitare un giorno?

Il mio è l'Africa.

Devo ammettere che, se non avessi vissuto l'esperienza di Bali, non avrei avuto questo desiderio.

In Indonesia ho davvero scoperto la gioia di fare del bene a chi ne ha bisogno. E un giorno vorrei andare a visitare l'Africa, magari per aiutare i bambini portando vestiti e altre cose utili. Credo che veder spuntare il sorriso sui volti delle persone, sapendo che hai fatto qualcosa di buono, sia una delle esperienze più belle in assoluto. E poi immagino le avventure che potrei vivere: sicuramente vorrei fare un safari per vedere tutti gli animali.

E, a proposito di animali, vorrei riuscire a visitare anche il Madagascar. Lì ci sono migliaia di specie animali, come i lemuri, che non si trovano in nessun altro luogo al mondo, e poi vorrei vedere le foreste pluviali, le spiagge bianche e immense e le barriere coralline.

Magari resterà un viaggio dei sogni, ma non voglio smettere di sognare, perché viaggiare mi ha insegnato ad apprezzare quello che ho e a vedere la bellezza nel mondo.

Per me ogni viaggio, lontano o vicino, è sempre un'opportunità per crescere e cambiare, e non vedo l'ora di vedere dove mi porterà il prossimo.

Immaginate una pagina di diario... Ecco, per me partire e visitare nuovi posti è un po' come scrivere nuove storie e ricordi indelebili su una pagina bianca.

Viaggiare mi ha permesso di conoscere meglio me stessa e mi ha aperto gli occhi su ciò che mi circonda. Se fossi rimasta a casa, non avrei mai avuto questa possibilità.

Quindi, se ne avete l'opportunità, vi suggerisco di prendere la valigia e andare, perché il mondo è pieno di cose bellissime che aspettano solo di essere scoperte.

DIMMI CHE VALIGIA HAI, E TI DIRÒ CHI SEI

Escursionista

- scarpe da trekking
- cappellino con visiera
- mappa del luogo
- borraccia
- crema solare a rapido assorbimento
- burrocacao

Intellettuale

- ciabatte comode
- cappello con visiera
- mappa delle librerie locali
- acqua naturale
- occhiali da vista e da sole
- lip balm leggermente colorato

Fashionista

- scarpe con il tacco
- piastra e phon
- mappa del villaggio turistico
- acqua vitaminica
- crema solare protezione 50+
- lip gloss con protezione solare

Romantica

- ciabattine con il pelo
- profumo per capelli alla ciliegia
- mappa dei luoghi panoramici
- tisana alla fragola
- crema per il corpo con i glitter
- lip gloss alla ciliegia

LA VALIGIA PERFETTA

Vestiti

- ○ Pantaloncini corti
- ○ Pantaloni lunghi
- ○ Felpe
- ○ Magliette
- ○ Intimo
- ○ Calze
- ○ Pigiama
- ○ K-way

Beauty

- ○ Spazzolino
- ○ Dentifricio
- ○ Deodorante
- ○ Bagnoschiuma
- ○ Shampoo
- ○ Balsamo
- ○ Profumo
- ○ Make up
- ○ Crema solare

Accessori

- ○ Ciabatte
- ○ Asciugamani
- ○ Occhiali da sole
- ○ Phon
- ○ Telo mare
- ○ Zaino o borsa

Elettronica

- ○ Caricabatterie
- ○ Adattatore

Importanti

- ○ Documenti
- ○ Soldi
- ○ Medicinali
- ○ Kit primo soccorso
- ○ Biglietti
- ○ Programma viaggio

LE 10 COSE PER CUI VIAGGIARE È IMPORTANTE

1. Conoscere nuovi posti
2. Rilassarsi
3. Scoprire culture diverse
4. Assaggiare nuovi piatti
5. Fare amicizia
6. Staccare dalla quotidianità
7. Trovare la fiducia in se stessi
8. Migliorare alcuni difetti
9. Apprezzare ciò che si ha
10. Saper affrontare gli imprevisti

VORRESTI VIAGGIARE, MA SEI PIGRA?

ECCO 5 metodi per combattere la pigrizia e partire!

1. **Prepara una lista di cose da fare**

Organizzare tutto ciò di cui ti devi occupare prima del viaggio ti aiuterà a rimanere concentrata e a non dimenticare nulla.

2. **Imposta le scadenze**

Stabilisci delle scadenze per completare le varie attività, in modo da evitare di procrastinare. Fatti aiutare dalla tecnologia: esistono tante app molto utili!

3. **Premiati**

Per ogni punto della lista completato, regalati un momento piacevole, come un pomeriggio di shopping o un'uscita con un'amica.

4. **Coinvolgi amici o familiari**

Chiedi a qualcuno di aiutarti con i preparativi o semplicemente di tenerti motivata.

5. **Visualizza il viaggio**

Immagina le esperienze positive che vivrai durante il viaggio per caricarti di energie e di motivazione.

LA MIA ESPERIENZA DI VIAGGIO PIÙ BELLA

Racconta il tuo viaggio preferito
e non tralasciare i momenti più divertenti
o gli imprevisti che hai dovuto affrontare.

PIANIFICA IL PROSSIMO VIAGGIO

Questa pagina è tutta per te!
Includi la destinazione, le date, le attività che vuoi fare, i luoghi che vuoi visitare e la lista delle cose da fare per prepararti.

destinazione

....

data

....

cosa vorrei fare

....

....

....

....

preparativi

....

....

....

....

cosa vorrei visitare

....

....

OLTRE CIÒ CHE VEDI

DAI MOMENTI BUI SI ESCE, SEMPRE!

E siamo arrivati a un aspetto molto importante della mia vita. Non che l'amore, l'amicizia o la famiglia non lo siano, ma diciamo che fino a un paio di anni fa non avrei mai immaginato di entrare così attivamente nel mondo dei social.

Lo so, tante e tanti di voi mi seguono su TikTok e Instagram, e sono super grata per il vostro supporto. Però, dietro le quinte c'è tanto di più di quello che vedete nei video e nelle foto, e vorrei raccontarvelo.

Quando la gente mi chiede: «Che lavoro fai?», e io rispondo «Influencer», le reazioni si dividono tra ammirazione e incertezza. Ormai ci sono abituata. Molti pensano che non si possa definire

"lavoro" quello che faccio. Ma, ovviamente, io non sono d'accordo! Per me è un'occupazione a tempo pieno, senza una vera e propria scrivania.

Quello che pubblico nasce sempre da situazioni o momenti della mia giornata. Ogni giorno è diverso, non ho una routine fissa e amo improvvisare in base a come mi sento e agli impegni che ho. E qui viene il bello, perché posso dare spazio alla mia creatività e al mio stato d'animo, realizzando contenuti sempre nuovi e sempre diversi.

A volte posso mostrarmi in tuta e struccata, altre con un abito stupendo e con il make-up perfetto. Sono sempre io. Ma c'è una cosa che non cambierà mai e che a volte rende questo lavoro un po' difficile... Affrontare le critiche degli haters.

Devo confessarvi che all'inizio faceva male leggere certi commenti negativi. Non capivo il motivo, mi domandavo se non ci fosse un fondo di verità in quelle parole così cattive. Del resto erano degli sconosciuti che mi criticavano in base a ciò che vedevano, quindi era possibile che io stessi commettendo degli errori, che mi stessi mostrando in un modo sbagliato.

Quelle parole così taglienti sono entrate nella mia testa e hanno scavato una voragine di insicurezza, anche se non avrei voluto. Oggi so come

Quelle parole così taglienti
sono entrate nella mia testa
e hanno scavato una voragine
di insicurezza, anche se
non avrei voluto.

avrei dovuto reagire, con un sorriso e una scrollata di spalle, ma in quel momento ero molto fragile. Mi ero da poco lanciata nel mondo dei social senza paracadute, e lo schianto sembrava inevitabile.

Leggevo le cattiverie delle persone, poi mi guardavo allo specchio e vedevo solo difetti. Ho iniziato a non piacermi più. Prima di postare una foto o un video mi facevo un sacco di paranoie.

Ricordare quel periodo non è facile per me, neppure oggi.

Poi, finalmente, ho aperto gli occhi.

Non so cosa sia successo, è come se all'improvviso si fosse accesa una luce nella mia testa. Ho iniziato a vedere tutto con chiarezza.

Ho capito che la gente spesso giudica senza conoscere. Ho capito che la maggior parte delle critiche arriva da persone frustrate, infelici o, peggio ancora, da donne – sì, parliamo tanto di femminismo, lottiamo contro il body shaming, eppure ci facciamo la guerra tra di noi! Ho capito che l'unico modo per sopravvivere – nella giungla dei social, e non solo – è credere in se stessi e amarsi per ciò che si è.

Questa consapevolezza mi ha permesso di crescere, di diventare più sicura di me. Perché sì, tutti abbiamo dei difetti, ma non devono essere gli altri a dirceli. Dobbiamo imparare ad accettarli e anche a valorizzarli, ad amarci di più, oppure, se proprio ci fanno stare male, dobbiamo provare a correggerli.

Per esempio, fin da piccola, io ho sempre avuto un brutto rapporto con il mio naso. Mia madre mi racconta che, quando ne avevo l'occasione, chiedevo a tutti i dottori se potevano rifarmelo. Così, qualche tempo fa, ho deciso di sottopormi a un piccolo intervento di chirurgia estetica per correggere la punta del naso. È stata una scelta molto personale e non l'ho presa alla leggera. Sapevo che avrei potuto ricevere critiche, ma sentivo che era qualcosa che facevo per me stessa, per migliorare la mia autostima.

Ora, guardandomi allo specchio, vedo una ragazza che ha avuto il coraggio di fare ciò che sentiva giusto per se stessa. Ci tengo però a precisare che non esiste chirurgia estetica che possa risolvere il poco amore verso se stessi. Ho imparato che, se non sappiamo amare i nostri pregi e difetti, non avremo mai la forza di relazionarci con gli altri in tutti gli ambiti: amore, amicizia, lavoro... Questa consapevolezza mi ha resa più forte.

Oggi dedico una maggiore cura a me stessa e al mio corpo. Mi piace prendermi del tempo per fare skincare o per una passeggiata in campagna. Ho iniziato a mangiare meglio e questo mi ha permesso di avere una linea migliore, ma non perché sono a dieta. Semplicemente, mi prendo cura di me stessa in modo più consapevole. Ho capito che il vero benessere viene dall'equilibrio e dal rispetto per il proprio corpo. Mangio cibi sani che mi danno energia e mi fanno sentire bene. È una scelta che ho fatto per la mia salute e il mio benessere, e non per soddisfare le aspettative degli altri.

E poi ho imparato a non lasciarmi abbattere dalle opinioni altrui e a dare valore alle mie emozioni e ai miei desideri. Sì, proprio così! Oggi, quando leggo commenti negativi, non lascio che mi influenzino. Mi concentro sulle persone che mi amano e mi sostengono. Mi dico spesso: "Chi se ne importa di quello che pensano gli altri!". Ho capito che non si può piacere a tutti, e va bene così. Ciò che conta davvero è essere felici e soddisfatti di se stessi.

Ogni volta che qualcuno cerca di buttarmi giù, penso a tutte le persone che mi mandano messaggi carini e pieni di affetto. Quelle sono le persone che contano davvero per me. L'importante è sapere chi sei e cosa vuoi, e non lasciare che nessuno ti faccia dubitare di te stessa.

E qui, in queste parole sta tutto il senso di questo libro: se ho deciso di prendere di nuovo carta e penna in mano è solo per condividere con voi, voi che siete la mia forza, la famiglia che mi sono scelta, tutto quello che ho fatto mio negli ultimi anni. Vorrei che questa consapevolezza arrivasse anche a voi: so che non è facile imparare ad amarsi e ad accettarsi, e so che tutte noi passiamo momenti difficili durante l'adolescenza.

Ma dai momenti bui si esce, sempre. L'importante è credere in se stessi.

Per questo, ragazze, c'è una cosa che voglio dirvi: ricordate sempre di dare valore a voi stesse e ai vostri desideri. Non lasciate che nessuno vi faccia sentire inferiori. Siamo tutte speciali a modo nostro. Inseguite i vostri sogni, sempre, con coraggio e dedizione. Voi non mi vedete, ma io sono sempre di fianco a voi.

La vostra Aurix

Come affrontare le critiche

1. **Concentrati sui positivi**

Ogni volta che leggi un commento negativo, cerca tre commenti positivi che hai ricevuto. Ricorda a te stessa l'affetto della tua community.

2. **Prenditi una pausa**

Quando le critiche diventano troppo pesanti, prenditi del tempo lontano dai social per riflettere e ricaricarti.

3. **Cerca il supporto**

Parla con amici, familiari o colleghi che ti sostengono. Condividere i tuoi sentimenti può aiutarti a vedere le cose da una prospettiva diversa.

4. **Focalizzati sui tuoi obiettivi**

Ricorda perché hai iniziato questo percorso e quali sono i tuoi obiettivi. Mantieni il focus su ciò che è davvero importante per te.

5. **Sii gentile con te stessa**

Trattati con la stessa gentilezza e comprensione che offriresti a un amico. Riconosci i tuoi sforzi e celebra le tue vittorie, grandi o piccole che siano.

Spazio per le tue riflessioni

* Quali critiche ti hanno colpito di più?

....

....

* Come puoi trasformare queste critiche in un'opportunità di crescita personale?

....

....

* Quali sono i tuoi punti di forza che puoi ricordare a te stessa nei momenti di difficoltà?

....

....

Usa queste riflessioni e risposte per diventare più forte e continuare a brillare!

COSA RISPONDO SE...

Sei solo una che vuole attenzione!

Reazione

Tutti vogliamo essere ascoltati e capiti. Io cerco di esprimere la mia passione e condividere i miei interessi.

Non sei neanche così bella come pensi.

Reazione

La bellezza è soggettiva. Io mi sento bene con me stessa e questo è ciò che conta.

Sei ridicola in questi video.

Reazione

Mi piace divertirmi e sperimentare nei miei video. Preferisco essere autentica e divertirmi.

Hai bisogno di crescere e trovare un vero lavoro.

Reazione

Essere un'influencer richiede molto impegno e dedizione. Amo quello che faccio e continuo a imparare e crescere ogni giorno.

Sei un pessimo esempio per i tuoi follower.

Reazione

Cerco di essere un buon modello condividendo messaggi positivi e incoraggiando la mia community a essere se stessa.

ACCETTAZIONE E AUTOSTIMA

Scrivi una lettera a te stessa evidenziando i tuoi punti di forza e le tue qualità uniche.

Rifletti su un momento in cui ti sei sentita orgogliosa di te stessa. Cosa hai imparato da quell'esperienza?

....

....

....

....

....

....

....

....

....

....

IL MIO MURO DELLE FRASI ISPIRAZIONALI

Ogni sfida
è un'opportunità
travestita
da ostacolo.

Segui
il tuo cuore
e il tuo istinto:
sanno sempre
qual è la strada
giusta.

La gentilezza
è una forza,
non una debolezza.

Il tuo valore non dipende dalle opinioni degli altri.

La felicità è una scelta quotidiana.

C'è bellezza in ogni imperfezione.

Ascolta il tuo cuore, non le voci esterne.

Tu sei abbastanza. Sempre.

IL TUO MURO DELLE FRASI ISPIRAZIONALI

Scrivi le tue frasi motivazionali preferite.
Puoi aggiungere colori e decorazioni
per renderle ancora più speciali.

AMA IL TUO CORPO

Quali piccoli cambiamenti puoi fare nella tua routine quotidiana per prenderti cura di te stessa? Iniziamo con un paio di esempi...

- Bere più acqua
- leggere un libro prima di andare a dormire

Continua tu

- ....
- ....
- ....
- ....
- ....
- ....
- ....
- ....

RIFLETTI SU TE STESSA

Crea un piano settimanale di attività fisiche e momenti di relax che ti fanno stare bene.

LUNEDÌ
Mattina: escursione in bicicletta
Pomeriggio: lavoro/studio
Sera: scrittura nel diario

MARTEDÌ
M: ....
P: ....
S: ....

MERCOLEDÌ
M: ....
P: ....
S: ....

GIOVEDÌ
M: ....
P: ....
S: ....

VENERDÌ
M: ....
P: ....
S: ....

SABATO
M: ....
P: ....
S: ....

DOMENICA
M: ....
P: ....
S: ....

MOODBOARD DEI SOGNI

Incolla immagini, ritagli e disegni che rappresentano i tuoi sogni e obiettivi futuri.

VIAGGI

amore

amicizia

Famiglia

social

RINGRAZIAMENTI

E siamo giunti alla fine di questo percorso insieme. Spero che le mie parole vi abbiamo in qualche modo aiutato a riflette su voi stessi, su ciò che vi rende felici e su ciò che dovete migliorare o eliminare dalla vostra vita.
Voglio anche ringraziarvi perché mi dimostrate tanto affetto ogni giorno, un affetto che mi fa trovare le energie e il sorriso, anche nei momenti più bui.
Grazie anche ai miei genitori, che mi spalleggiano e mi sostengono sempre.

Pubblicato per

MONDADORI
ELECTA

da Mondadori Libri S.p.A.

Progetto grafico e copertina: Studio Noesis
Fotografie: Nicola Cordì
Elementi grafici: Freepik

ISBN 978-88-918-4316-6
Prima edizione: ottobre 2024

Questo volume è stato stampato presso
Elcograf S.p.A., via Mondadori 15, Verona

Stampato in Italia – Printed in Italy